VENTE

Du Mercredi 13 Novembre 1912

HOTEL DROUOT, SALLE N° 8

A DEUX HEURES

TAPISSERIES & ÉTOFFES

ANCIENNES

Objets d'Art et d'Ameublement

FAIENCES ET PORCELAINES, BRONZES, OBJETS DE VITRINE

TABLEAUX, DESSINS, GRAVURES

MEUBLES ANCIENS

COMMISSAIRE-PRISEUR

Me J. ENGELMANN

EXPERT

M. GEORGES GUILLAUME

CATALOGUE

DES

TAPISSERIES ANCIENNES

TISSÉES ET AU POINT

Verdures d'Aubusson et autres, Panneaux, Fragments
Morceaux, Bandeaux, Sièges, etc.

ÉTOFFES ANCIENNES

OBJETS D'ART ET D'AMEUBLEMENT

Faïences et Porcelaines, Bronzes, Bois, Métal
Sculptures, Boîtes, Miniatures, Montres, Objets de vitrine, Objets variés

Tableaux, Dessins, Gravures, Lithographies

MEUBLES ANCIENS

Dont la Vente aux Enchères publiques aura lieu

HOTEL DROUOT, SALLE N° 8

LE MERCREDI 13 NOVEMBRE 1912

à deux heures

COMMISSAIRE-PRISEUR	EXPERT
Me J. ENGELMANN	**M. GEORGES GUILLAUME**
Successeur de M. RADENAC	13, rue d'Aumale
3, rue des Mathurins	PARIS

EXPOSITION PUBLIQUE

Le Mardi 12 Novembre 1912, de 2 h. à 6 heures

CONDITIONS DE LA VENTE

Elle sera faite au comptant.

Les adjudicataires paieront *dix pour cent* en sus des enchères.

L'exposition mettant le public à même de se rendre compte de l'état et de la nature des objets, aucune réclamation ne sera admise une fois l'adjudication prononcée.

Paris. — Imp de l'Art, Ch. Berger, 41, rue de la Victoire.

DÉSIGNATION

TABLEAUX, DESSINS
GRAVURES
LITHOGRAPHIES, LIVRES

BOILLY (École de)

1 — *Portrait de Jeune Femme.*

Dessin à la mine de plomb.

CARAN D'ACHE

2 — *Revue de cavalerie.*

Dessin à la mine de plomb, signé en bas à droite.

CAZIN (MICHEL)

3 — *Femme à sa toilette.*

Dessin à la mine de plomb rehaussé de pastel, signé à la droite en bas du monogramme et daté : *1900.*

CHAMPIN

4 — *Paysage montagneux.*

Dessin à la sépia, signé en bas à gauche.

CIPRIANI (D'après)

5 — *Psyche going to dress.*
Gravure à la sanguine par Bartholonii

DEMARNE (Attribué à)

6 — *Le Retour de la foire.*
Dessin au crayon noir et à la sépia.

DEVÉRIA (École de)

7 — *Tête de Femme.*
Dessin au crayon noir.

DUPRÉ (Louis)

8 — *Portrait de Femme.*
Dessin à la mine de plomb.

FAGARD (D'après)

9 — *La Lecture; Le Chapelet arabe.*
Deux lithographies en couleur.

GRANDVILLE (D'après)

10 — *Le Gouvernement de Louis-Philippe.*
Lithographie humoristique en couleur.

GUYS (Constantin)

11 — *Cavalier et Amazone.*
Deux dessins au lavis d'encre de Chine portant le cachet de la Collection Nadar.

ISABEY (E.)

12 — *Bateaux de pêche.*
Dessin au crayon noir, rehaussé de blanc, signé en bas à droite.

LALAISSE (D'après)

13 — *Lancier et Chasseur à cheval.*
Deux lithographies en couleur dans un cadre.

LANTARA

14 — *Paysage.*
Dessin à la sépia, signé à gauche en bas et daté : *1771*.

MEYNIER (D'après)

15 — *La Nymphe surprise.*
Gravure en noir, par BOURGEOIS DE LA RICHARDIÈRE.

MILLET (Genre de J. F.)

16 — *Le Centenaire.*
Dessin au fusain sur papier bleu.

NEUVILLE (Attribué à DE)

17 — *La Reine Blanche et saint Louis.*
Dessin à la mine de plomb rehaussé de blanc.

NOEL (Attribué à)

18 — *Le Vieux Pont à Compiègne.*
Aquarelle.

NOEL (Léon)

19 — *La Fête de la bonne maman.*
Lithographie en couleur.

NOEL (Léon)

20 — *Napoléon et les principaux personnages de son époque.*
Gravure en couleur (cadre doré de la Restauration).

PEYSSARD

21 — *La Spezzia.*
Aquarelle gouachée, signée en bas à gauche et datée : *1828.*

PRUD'HON (Ecole de)

22 — *L'Amour dictant ses lois.*
Dessin à la mine de plomb rehaussé de sanguine.

PUGET (Ecole de P.)

23 — *Les Termes de Toulon.*
Dessin à la plume rehaussé de lavis.

RAFFET (D'après)

24 — *Campagne des Pays-Bas.*
Lithographie en couleur.

RAFFET (Ecole de)

25 — *Grenadier de la garde autrichienne.*
Petite aquarelle.

RATIER

26 — *L'Argument irrésistible.*
Lithographie en couleur.

RENAULT

27 — *Bord de rivière.*
Petite aquarelle, signée en bas à droite.

VERNET (Genre de CARLE)

28 — *La Partie de campagne.*
Gravure peinte.

WILLETTE (A.)

29 — *Le Coucher de la Mariée.*
Dessin au crayon noir, signé en bas au milieu et daté : *1906.*

ÉCOLE FRANÇAISE

30 — *L'Enfant aux grappes de raisin.*
Toile-médaillon.

ÉCOLE FRANÇAISE (XVIIIe siècle)

31 — *Portrait d'un Gentilhomme.*
Toile.

ECOLE FRANÇAISE

32 — *Profil de Femme.*
Dessin (plume et sépia).

ÉCOLE FRANÇAISE

33 — *Portraits de Femmes.*
Deux pastels ovales.

ÉCOLE FRANÇAISE

34 — *Louis XVI et Marie-Antoinette.*
Deux gravures en noir.

ÉCOLE de 1830

35 — *L'Invalide.*
Toile sous verre.

ÉCOLE de 1830

36 — *Les Petits Maraudeurs.*
Gravure en noir.

ÉCOLE FLAMANDE

37 — *Incendie d'un village.*
Toile.

ÉCOLE ITALIENNE

38 — *Paysage accidenté avec ponts, ruines et figures.*
Gouache.

ÉCOLE ITALIENNE

39 — *La Baie de Naples.*
Pastel.

ÉCOLE MODERNE

40 — *Trompette de la Garde.*
Aquarelle.

41 — Environ vingt-cinq dessins ou aquarelles et quarante-huit gravures ou lithographies variées.

42 — Carton renfermant un lot de gravures, lithographies et pointes sèches.

43 — Fort lot de gravures de mode : hommes, femmes, groupes divers, extraites de différentes publications : *les Modes parisiennes. Costumes parisiens, Petit Courrier des Dames, La Corbeille*, etc. (des années 1824 à 1850). (Sera divisé.)

44 — *Le Journal des Dames et des Modes ;* 10 volumes avec de nombreuses gravures rehaussées. (Francfort : années 1801-1802-1803-1804-1805-1807-1809, incomplètes).

45-46 — Lot de volumes variés : Lettres choisies de Mme de Sévigné ; Voyages en Egypte, par Denon ; Une famille, par Mme Guizot ; l'Iliade d'Homère ; les Oraisons de Fléchier, etc., etc. (Seront divisés.)

PORCELAINES ET FAIENCES

47 — Petit pot à crème en ancienne porcelaine de Paris.

48 — Petit service à café en porcelaine décorée, genre Paris, comprenant un sucrier, quatre tasses et six soucoupes.

49 — Deux tasses et leurs soucoupes en ancienne porcelaine de Paris, l'une à décors de guirlandes en vert, l'autre ornée de figures et fleurs, en camaïeu rouge et dorures.

50 — Saucière et son présentoir en ancienne porcelaine à la Reine, décors au barbeau.

51 — Compotier ovale, compotier rond et deux tasses en ancienne porcelaine de Sèvres, à fleurs.

52 — Groupe allégorique en porcelaine de Tournai.

53 — Flacon à thé en porcelaine décorée, genre Marseille.

54 — Deux petites statuettes et un chien en porcelaine de Saxe.

55 — Tasse et soucoupe en porcelaine de Saxe, à décor d'oiseaux.

56 — Petit pot couvert en porcelaine de Vienne, à fleurs.

57 — Saucière en ancienne porcelaine de Frankenthal, à semis de bouquets.

58 — Quatre tasses forme clochettes et six soucoupes forme feuilles de vigne, en ancienne porcelaine blanche avec parties en relief.

59 — Potiche en porcelaine de Chine ; réserves en bleu sur fond noir à quadrillages dorés, et munie de deux anses-éléphants ; socle en bois de fer ; elle est montée en lampe.

60 — Compotier en ancienne porcelaine de Chine.

61 — Tasse et sa soucoupe en ancienne porcelaine de la Compagnie des Indes, à décors de vases, fleurs et bordures dorées.

62 — Cinq assiettes en ancienne porcelaine de la Compagnie des Indes, à fleurs et arbustes.

63 — Compotier en ancienne porcelaine du Japon, à feuillages et fleurs.

64 — Théière persane en porcelaine, à décors de fleurs.

65 — Petit plat à pans et plat long octogonal en ancienne faience polychrome de Rouen.

66 — Couvercle en ancienne faïence polychrome de Rouen ; plateau à anses et pans coupés en faïence décorée, genre Rouen.

67 — Petit plat en ancienne faïence de Moustiers, à décors de volatile parmi des fleurs.

68 — Assiette en ancienne faïence de Delft, décor au chinois.

69 — Groupe en ancienne faïence anglaise.

70 — Deux tasses et leurs soucoupes en faïences variées, l'une décorée de fleurs, l'autre à personnages grotesques.

71 — Chandelier et vase à anses en faïence décorée.

72 — Quinze assiettes ou plats en faïences variées : Strasbourg, Islettes, Nevers, etc. (Seront divisé.)

73 — Quatre couvercles dépareillés, deux soucoupes et un éteignoir en porcelaines variées.

74 — Lot de seize tasses, petits bols ou pots en porcelaines et faïences variées, terre de pipe, etc. (Sera divisé.)

BRONZE, BOIS, MÉTAL
SCULPTURES
BOITES, MINIATURES, MONTRES
OBJETS DE VITRINE ET DIVERS

75 — Boîte circulaire doublée d'écaille, ornée au couvercle d'un portrait de marquis.

76 — Boîte circulaire en ivoire doublée d'écaille, ornée au couvercle d'un portrait de femme en robe de tulle blanc, drapée de rouge. Époque Empire.

77 — Boîte circulaire en ivoire doublée d'écaille, décorée au couvercle d'une miniature : Portrait d'homme en habit grenat.

78 — Boîte circulaire en écaille, présentant au couvercle un fixé à sujet de tempête dans le goût de Joseph Vernet.

79 — Boîte circulaire en écaille blonde, présentant au couvercle un profil d'enfant en grisaille sur fond bleu, signé : *Boismorel* et daté : *1790*.

80 — Boîte circulaire en cuivre, couvercle en composition présentant une fleur.

81 — Boîte circulaire en corne, fond et couvercle à calendriers.

82 — Petite boîte oblongue à double couvercle en émail décoré à fleurs.

83 — Petite bonbonnière en filigrane d'argent doré.

84 — Boîte en corne; couvercle orné d'une miniature au ballon.

85 — Boîte présentant au couvercle le profil de Napoléon.

86 — Noix de coco formant boîte, ajourée et sculptée, présentant une lyre avec des personnages et des animaux parmi des feuilles.

87 — Ancien étui en marqueterie de paille, à dessins réguliers.

88 — Etui en corne cerclé d'argent doré.

89 — Petit étui plat en galuchat.

90 — Coffret-nécessaire en cuir rouge, renfermant trois ustensiles garnis d'argent.

91 — Miniature carrée, représentant un groupe familial : Femme assise, tenant sur ses genoux un jeune enfant, pendant que le père est accoudé au dossier du fauteuil ; étui en cuir fauve. Fin de l'Epoque Empire.

92 — Miniature ovale de l'école anglaise : Portrait de jeune fille blonde, les cheveux tombant sur les épaules.

93 — Miniature circulaire : La Femme à la tabatière.

94 — Autre miniature : Portrait d'homme en habit rayé et cravate blanche.

95 — Miniature ovale : Homme coiffé d'une perruque brune et lisant ; cadre en bois doré à moulures.

96 — Miniature rectangulaire : Femme assise dans un intérieur; cadre en bronze ciselé.

97-98 — Cinq miniatures variées en médaillons : Portraits d'hommes; cadres en velours grenat.

99 — Petite gouache aquarellée : Jeune femme goûtant une tasse de lait, cadre en peluche.

100 — Miniature indo-persane, présentant un guerrier armé de la lance.

101 — Miniature sur ivoire : Gentilhomme en habit rouge.

102 — Autre à cadre de cuivre : Portrait présumé de Charlotte Corday.

103 — Autre dans un cadre en cuivre à torsades : Portrait d'homme en habit bleu.

104 — Autre à la sépia : Portrait d'homme.

105 — Petite gouache : Saint-Jean sur le bord d'un fleuve ; cadre en bois sculpté.

106 — Fixé circulaire : Portrait de femme en toilette décolletée; les cheveux ornés d'un rang de perles.

107 — Bijou-pendentif à six pans inégaux, présentant une miniature d'homme en habit bleu ; le revers est orné d'un fixé à dorures sur fond rouge.

108 — Petite montre à sonnerie, en or de différentes couleurs, à guillochages et ciselures, présentant au milieu de feuillages et de rubans un sujet de sacrifice à l'amour. Époque Louis XVI.

109 — Montre en or de différentes couleurs à palmes et rameaux, présentant un émail: Portrait de femme. Époque Louis XVI.

110 — Montre plate en or. Époque Louis XVI.

111 — Grosse montre en argent, à sonnerie. Époque Louis XV.

112 — Petit éventail en palissandre ; feuille en tulle noire à paillettes. Époque Empire.
— Autre éventail ; monture en bois laqué noir, feuille en papier décoré.

113 — Éventail à monture de nacre dorée: feuille gouachée à personnages.

114 — Anciennes vues de Paris représentant les boulevards et les faubourgs. Lithographie en couleur, sur bobine.

115 — La Revue Impériale. Grande lithographie reliée.

116 — Petit album de dessins et aquarelles.

117 — Album de gravures et vignettes anciennes.

118 — Six boutons de gilet en nacre et métal ; croix normande en argent et strass.

119 — Boucle de ceinture en métal doré et strass ; médaille à l'effigie de Georges III, roi d'Angleterre.

120 — Diadème en cuivre, orné de corail ; autre en métal doré, orné de perles.

121 — Petite verseuse, forme coquille, en argent ciselé.

122 — Breloquet en tissé, avec clé et cachet en acier.

123 — Petite bourse tissée ; monture en métal doré. Époque Restauration.

124 — Ancien Christ en ivoire sculpté.

125 — Manche de cravache en ivoire sculpté et bagué d'or.

126 — Petit cheval en ancienne terre cuite.

127 — Deux petits bas-reliefs circulaires, par NINI : Donatien Le Ray en biscuit et Franklin en terre cuite.

128 — Groupe en biscuit : la Nuit.

129 — Deux plateaux en tôle décorée au vernis de fleurs sur fond uni. Époque Empire.

130 — Trois batteries de fusil à pierre, en métal gravé.

131 — Deux poignards orientaux.

132 — Lot d'anciennes monnaies françaises et étrangères, principalement en bronze.

133 — Canne Louis XVI en bambou ; pommeau en pomponne.

134 — Casse-noix en bois sculpté, surmonté d'une figurine.

135 — Ancien cadre en bois naturel sculpté.

136 — Deux glaces à cadres de bois sculpté et doré. Epoque Louis XV.

137 — Baromètre en bois laqué blanc et partiellement doré, à vase et chute de fleurs. XVIIIe siècle.

138 — Grand Christ en croix ; bois sculpté et polychromé. XVIe siècle.

139 — Pendule en marbre blanc, marbre noir et bronzes, flanquée de sphinx et surmonté d'un vase avec deux chiens ; elle est ornée de bas-reliefs d'amours et pose par pieds-griffes sur un double socle. Fin de l'époque Directoire.

140 — Pendule en bronze patiné et doré de forme vase et surmontée d'amours attisant des flammes. Epoque Empire.

141 — Horloge plate en cuivre ciselé et gravé, de forme carrée, posant sur quatre têtes d'anges. Travail allemand du XVe siècle.

142 — Cartel en bronze ciselé et doré à têtes de béliers et mufles de lions, et surmonté d'un vase enguirlandé. Style Louis XVI.

143 — Grand candélabre en ancienne dinanderie, muni de neuf lumières.

144 — Deux lampes montées en bronze, l'une formée d'une potiche en porcelaine de la Chine, l'autre d'une potiche en faïence de Delft.

MEUBLES ET SIÈGES
TAPISSERIES ANCIENNES
ÉTOFFES

145 — Deux petits guéridons ronds en acajou, posant sur trépied, par tige centrale cylindrique. Époque Empire.

146 — Console rectangulaire en bois sculpté et doré, à ceinture ajourée et couverte d'un marbre noir. XVIIIe siècle.

147 — Table de salle à manger en bois fruitier sculpté, avec allonges rentrantes. Époque Louis XVI.

148 — Petit bureau hollandais en marqueterie de bois de placage, à décors de fleurs. Époque Louis XVI.

149 — Bergère Louis XVI en bois sculpté, couverte de tapisserie moderne.

150 — Fauteuil Louis XV en bois sculpté, couvert de tapisserie au point moderne.

151 — Petit fauteuil d'enfant en bois laqué gris à palmes, chutes et rosaces, couvert d'ancienne tapisserie au point à fleurettes. Époque Directoire.

152 — Douze chaises en bois laqué blanc à filets verts et couvertes de tapisserie jaune unie. Époque Louis XV.

153 — Six chaises, foncées de canne, en acajou, à dossiers-médaillons et pieds cambrés.

154 — Bois de chaise sculpté et peint en gris. Époque Régence.

155 — Grande tapisserie, à sujet de bataille, avec personnages et chevaux. Aubusson. Époque Louis XIV.

156 — Tapisserie, présentant des échassiers sur fond de paysage et de verdure, baigné par un ruisseau; encadrement à roses et entrelacs. Aubusson, XVIIIe siècle.

Haut., 2 m. 45 cent.; larg., 2 m. 75 cent.

157 — Panneau de tapisserie au point, représentant une scène de jeux olympiques au bord de la mer parmi des ruines; au centre, deux coureurs à la pomme, après lesquels jape un chien ; à gauche, un homme d'armes à cheval et, à l'arrière-plan, des spectateurs drapés. Commencement du XVIIIe siècle.

Haut., 2 m. 60 cent. ; larg., 1 m. 60 cent.

158 — Panneau de tapisserie fait de deux verdures rapportées et présentant des échassiers sur le bord d'un fleuve, avec perspective de village au fond ; ce panneau est partiellement encadré de bordures, à décors variés. Aubusson, XVIIIe siècle.

Haut., 2 mètres; larg., 3 m. 30 cent.

159 — Tapisserie-verdure, présentant une maisonnette dans un horizon clair; le premier plan est garni d'arbres sur l'un desquels grimpe un fauve. Encadrement à roses et chute de fleurs. Aubusson, XVIIIe siècle.

Haut., 2 m. 90 cent.; larg., 1 m. 80 cent.

160 — Portière en tapisserie, présentant un paysage avec plantes grasses au premier plan. Encadrement à fleurs et feuillage. Aubusson, XVIIIe siècle.

Hauteur., 2 m. 35 cent.; larg., 1 m. 30 cent.

161 — Autre portière en tapisserie, présentant une figure de sainte portant un rameau fleuri. Encadrement à fleurs, fruits et torsades. Aubusson, commencement du XVIIIe siècle.

Haut., 2 m. 30 cent.; larg., 1 m. 20 cent.

162 — Fragment de tapisserie, présentant un château parmi des arbres; au premier plan, s'ébat un échassier dans des roseaux au bord d'un étang. Aubusson, XVIIIe siècle.

Haut., 1 m. 60 cent.; larg., 1 m. 64 cent.

163 — Fragment de tapisserie, présentant une figure de femme éplorée sur fond de feuillages. Aubusson, XVIIe siècle.

Haut., 1 m. 50 cent.; larg., 70 cent.

164 — Bandeau de tapisserie, présentant des fruits, fleurettes et feuillage sur fond marron. Époque Renaissance.

165 — Bandeau de cheminée en ancienne tapisserie, présentant une chimère, un écureuil et une chouette dans un semis de fleurs sur fond jaune. Aubusson, commencement de la Renaissance.

166 — Dossier de siège en tapisserie, présentant un sujet des fables de Lafontaine : le Renard et la Cigogne. Encadrement à rocailles, fleurs et feuillages réservés sur fond bleu. Flandres, époque Louis XV.

167 — Partie de siège en tapisserie, présentant un encadrement fleuri et enrubanné en réserve sur fond bleu ; Flandres, époque Louis XVI.

168 — Fragment d'encadrement de tapisserie, présentant une femme assise en médaillon sur fond jaune dans un encadrement fleuri à volutes et rocailles. Aubusson, commencement du XVIIIe siècle.

Haut., 1 mètre; larg., 60 eent.

169 — Deux morceaux et deux bandeaux en ancienne tapisserie d'Aubusson. (Seront divisés.)

170 — Deux sièges en ancienne tapisserie au point, à ramages.

171 — Panneau de tapisserie au petit point de soie, présentant un pâtre gardant son troupeau.

172 — Petit panneau carré en ancienne tapisserie au petit point, présentant une Déesse mythologique assise.

173 — Petit panneau sur châssis en ancienne tapisserie au petit point, présentant une femme jouant de la lyre dans un parc.

174 — Dessus de table à jeu en tapisserie au point, présentant des cartes et divers attribut dans un encadrement à dessins géométriques.

175 — Dessus de calice en tapisserie de soie, d'argent et d'or, à décor de fleurs et bordure noire.

176 — Lot d'anciens velours grenat et lot d'anciens velours frappé cerise.

177 — Lot de morceaux et de panneaux en ancien taffetas jaune.

178 — Robe de tulle avec applications de broderies. Époque Empire.

179 — Lot de panneaux en ancien linon brodé.

180 — Lot de galons en brocatelle rouge, soie brochée et brodée, passementerie, et lot de cordonnets variés.

181 — Fort métrage de galons d'argent.

182 à 184 — Sept châles de cachemire variés. (Seront divisés.)

185 — Objets omis.

www.ingramcontent.com/pod-product-compliance
Ingram Content Group UK Ltd.
Pitfield, Milton Keynes, MK11 3LW, UK
UKHW020525180726
13839UKWH00005B/2313